Copyright 2023 by Elizabeth Estrada - All rights reserved.
Published and printed in the USA.

No part of this publication or the information in it may be quoted or reproduced in any form by means of printing, scanning, photocopying, or otherwise without permission of the copyright holder.

YO ELIJO
Calmar mi Ansiedad

Dedicado a mamá y papá.

ELIZABETH ESTRADA

Me preocupo y tengo ansiedad.
A menudo me siento estresado.
Mi madre y mi padre dicen: "Relájate"
Pero yo necesito estar determinado.

Me preocupa que las cosas no salgan como me gustaría.
Esto me pone muy ansioso
Y temeroso de qué sería.

Si tengo que practicar un deporte
o aprender algo nuevo,
me preocupa fracasar,
y ver que no apruebo.

Aunque entreno duro
Y practico con interés
no puedo crear las herramientas
para alejar el estrés.

Mis amigos decían: "¿Qué te pasa?
Puede que necesites cambiar.
¿Por qué te preocupas todo el tiempo?
Esto no te puede beneficiar."

Sé que tengo ansiedad,
pero calmarla yo intentaría.
Me preocupaba todo el tiempo.
Eso no lo sabía la mayoría.

Intenté tener pensamientos felices
Sobre mis lugares favoritos
Y cosas divertidas que me gustaba hacer,
tener pensamientos bonitos.

Mi mejor amigo, Aiden, habló conmigo
Para tratar de encontrar la causa.
¿Qué me hacía estar tan ansioso?
Me preguntaba si tenía alguna cosa inconclusa.

Aiden afirma: "Ansiedad es común, sin igual.
Cambios de humor, todos pueden sentir.
Háblate en positivo, es lo esencial,
Y verás cómo tu ánimo va a subir."

"Compartiré contigo algunas herramientas.
Puedes intentar usar declaraciones positivas.
'Concéntrate en lo que puedo controlar' o
'Todo estará bien' son los mejores".

"Todos tenemos una voz negativa,
y dirá algo que te preocupará.
Elige escuchar tu voz positiva,
y la negatividad pronto huirá."

¡YO PUEDO HACERLO!

ENFÓCATE EN LO QUE PUEDES CONTROLAR

¡ESTARÉ BIEN!

"Respira profundo,
Luego sopla con todas tus fuerzas
Haciendo que todo el estrés se derrita
Y verás como sientes que te alzas."

Intenté practicar lo que había aprendido.
Y lo puse a prueba.
Cada vez que algo me preocupaba,
O cada vez que sentía que el estrés me lleva.

Como cuando mi mamá y mi papá se divorciaron,
Ambos dijeron que lo sentían,
Pero me daban tiempo para estar con ambos.
Decían que cosas nuevas siempre surgían.

"Queremos que sepas que no es culpa tuya.
Los adultos también nos estresamos.
Ya no podemos vivir juntos,
Pero ambos todavía te queremos."

Me preguntaba dónde viviría.
Sin saber qué diría,
Intenté con todas mis fuerzas no llorar
Cuando papá dijo que se mudaría.

A veces las cosas simplemente suceden,
No hay nada que podamos hacer.
Sólo podía controlar mis reacciones,
Y elegir algunas estrategias que aprendí al crecer.

Cerré los ojos y respiré hondo,
Me dije: "Todo saldrá bien" sin temor.
Dejé salir mi aliento, lento pero fuerte,
Debo respirar para controlar mi humor.

Me sentía un poco más ligero, con menos preocupaciones.
Aunque sabía que no estaba curado
Pero mi ansiedad podía calmarse,
Eso era lo adecuado.

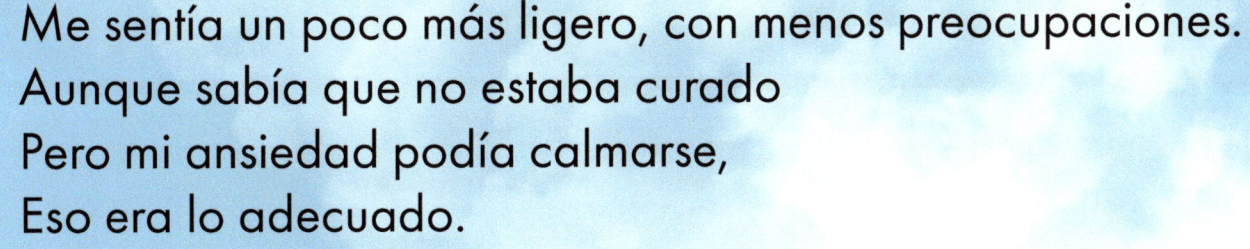

Yo elijo calmar mi ansiedad,
y tener pensamientos positivos.
Puedo respirar profundamente.
Alejar los pensamientos negativos.

Sé que todos tenemos retos,
Pero los voy a superar.
No dejaré que las preocupaciones arruinen mi vida,
Yo se los puedo demostrar.

Como se ve la ansiedad

IRRITABILIDAD

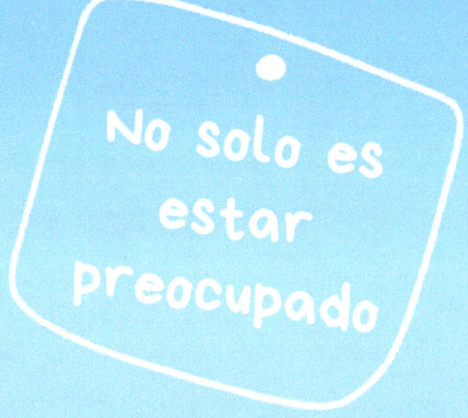

MAREO O ENTUMECIMIENTO

SOMNOLENCIA O INSOMNIA

Como Respirar Diente de León

Siéntate y deja que tu
espina dorsal crezca.

Imagina un suave diente
de león.

Toma un respiro
profundo y exhala
lentamente,
enviando las semillas al
aire.

Plática Positiva a Uno Mismo

- VOY A ESTAR BIEN
- ME CONCENTRO EN MIS PENSAMIENTOS POSITIVOS
- ME CONCENTRO EN LAS COSAS QUE PUEDO CONTROLAR. DEJO IR LAS COSAS QUE NO.
- TOMA RESPIROS PROFUNDOS Y LENTOS PARA CALMAR MI CUERPO
- LA PREOCUPACION NO RESOLVERÁ LOS PROBLEMAS. ¿QUÉ ES ALGO POSITIVO QUE PUEDO HACER?
- PIENSA EN COSAS QUE ME PUEDEN HACER SENTIR FELIZ Y SEGURO
- ¡SE LO QUE MI ANSIEDAD ESTA TRATANDO DE HACER, PERO NO LA DEJARE!
- YO ELIJO CALMAR MI ANSIEDAD

www.ingramcontent.com/pod-product-compliance
Lightning Source LLC
Chambersburg PA
CBHW041710160426
43209CB00018B/1796